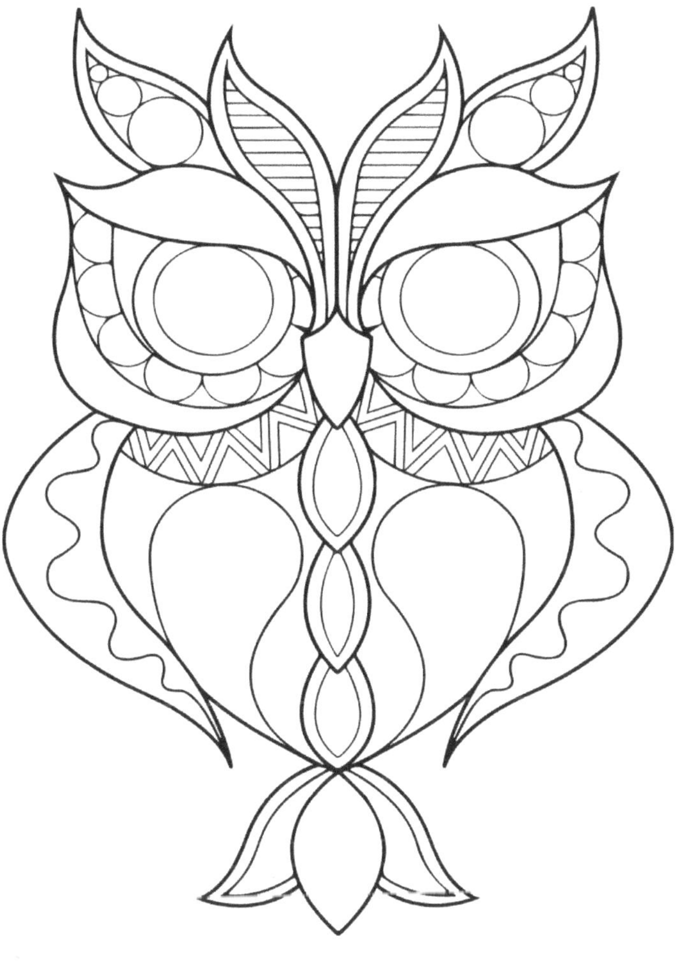

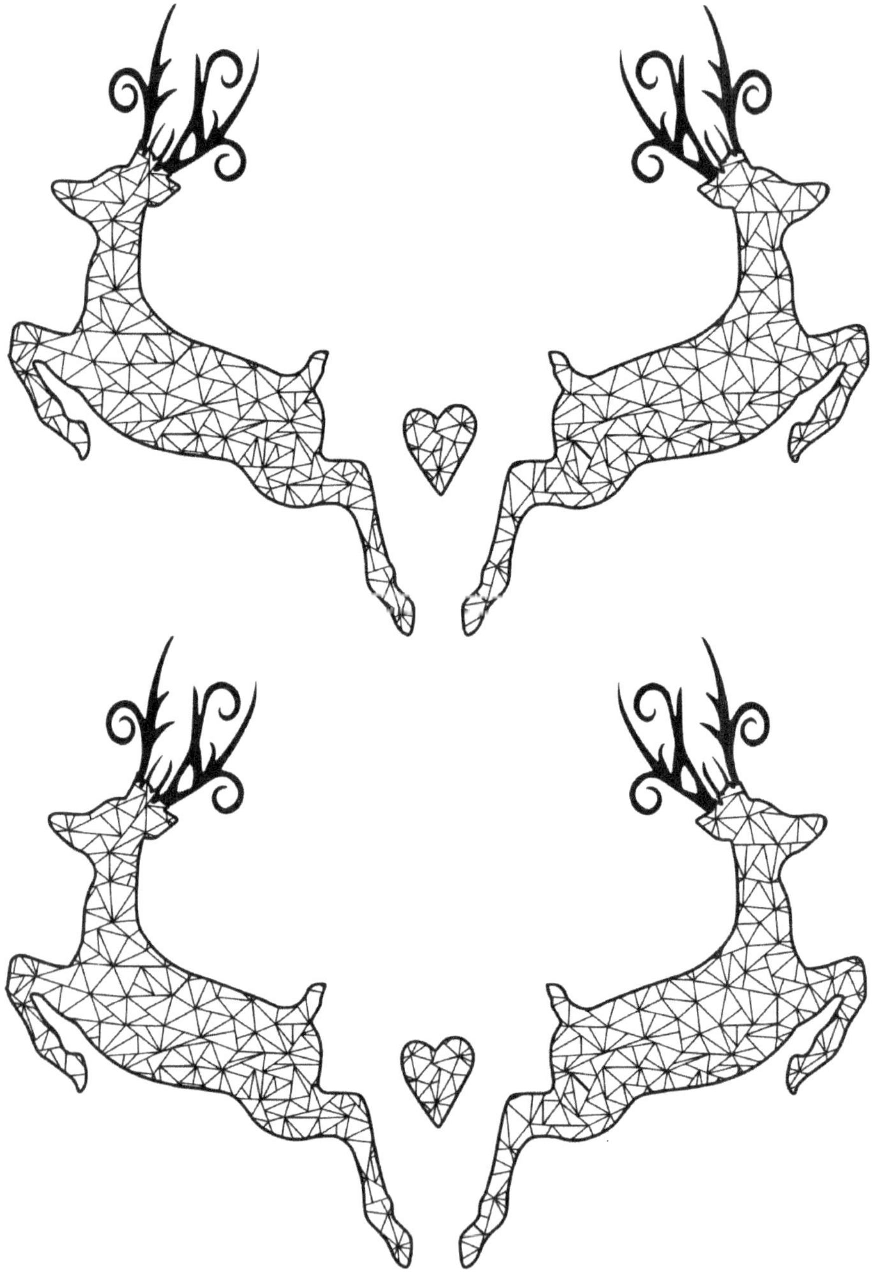

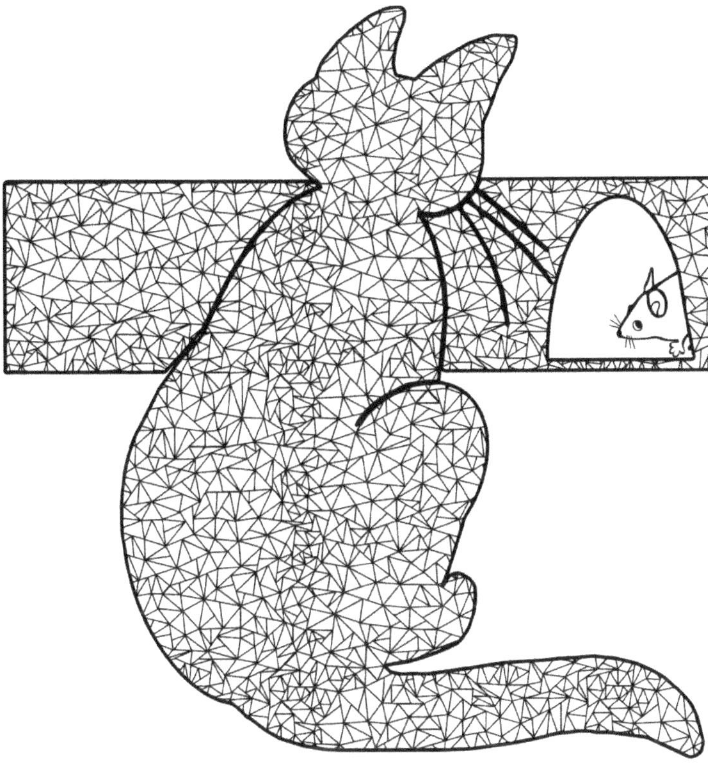

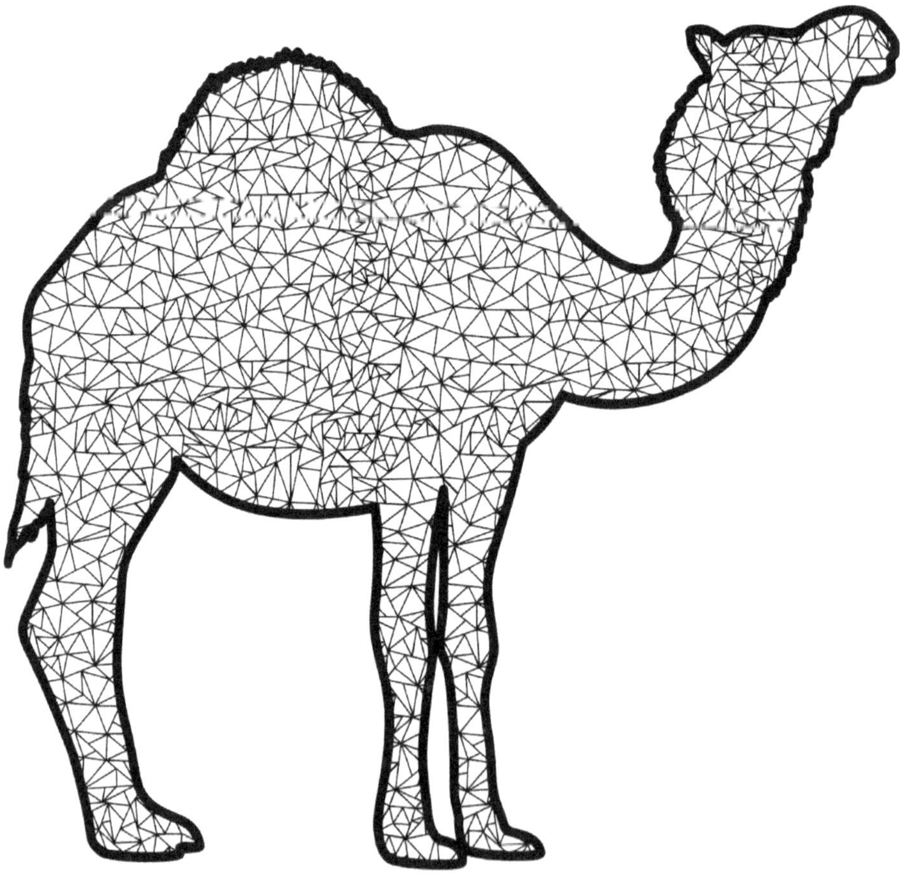

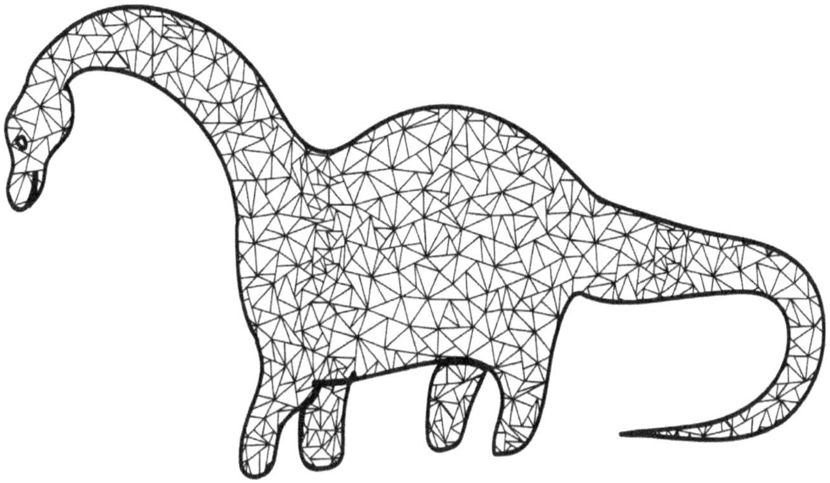

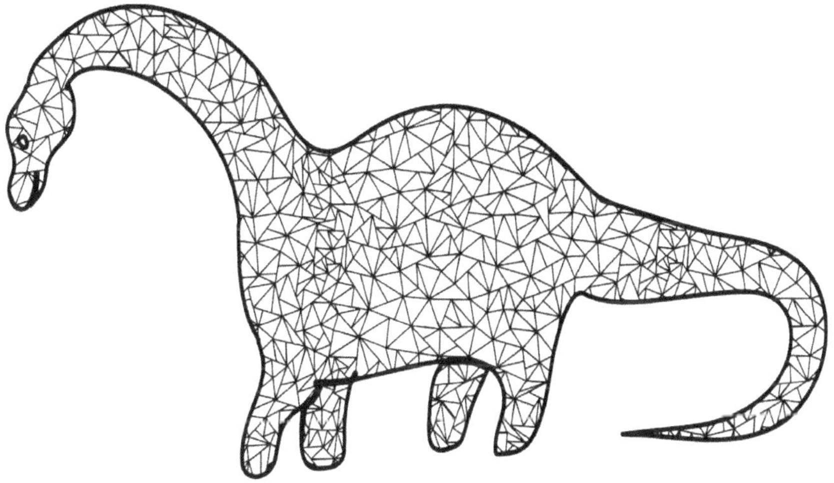

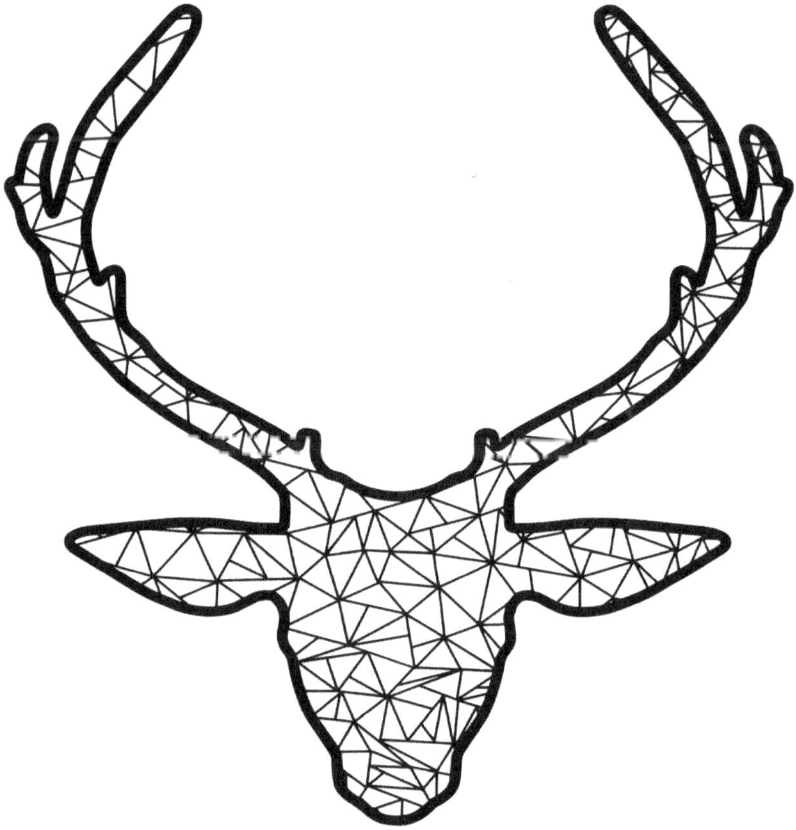

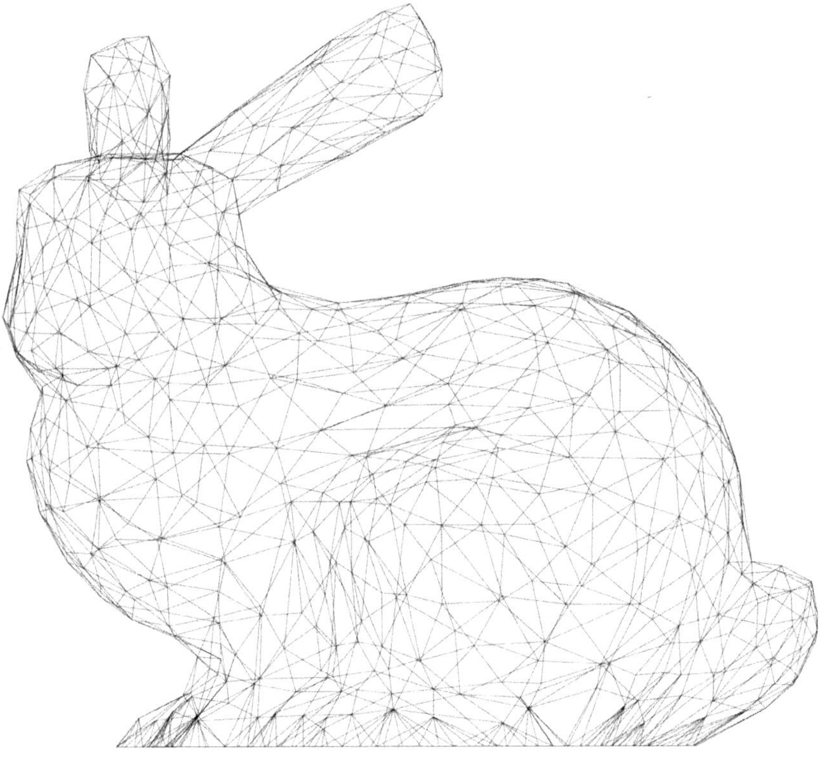

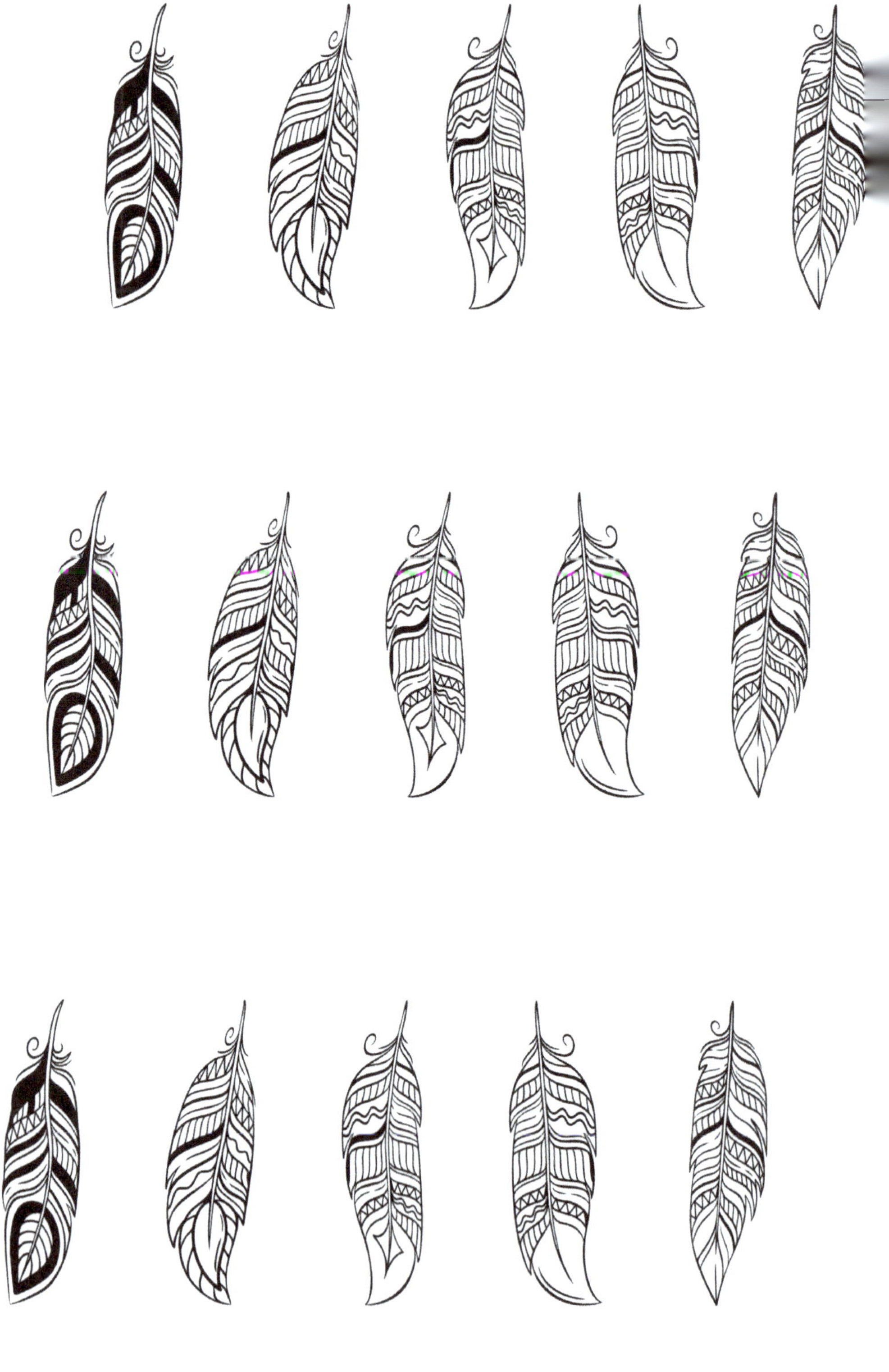

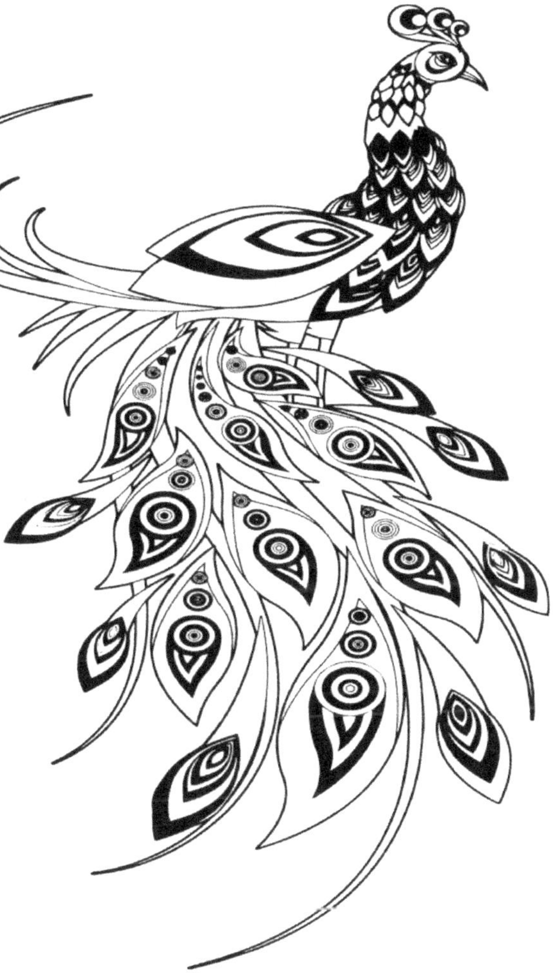

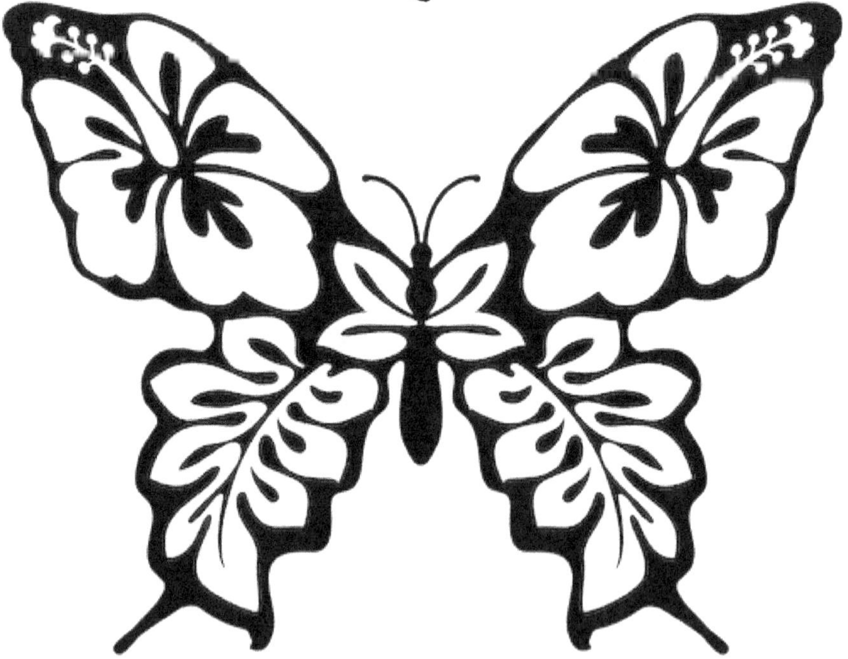

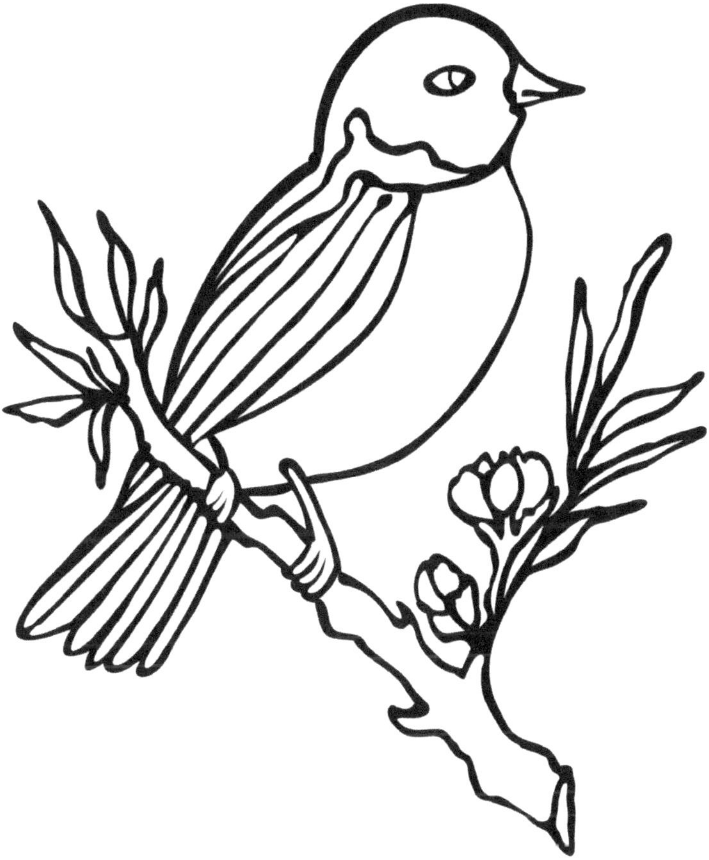

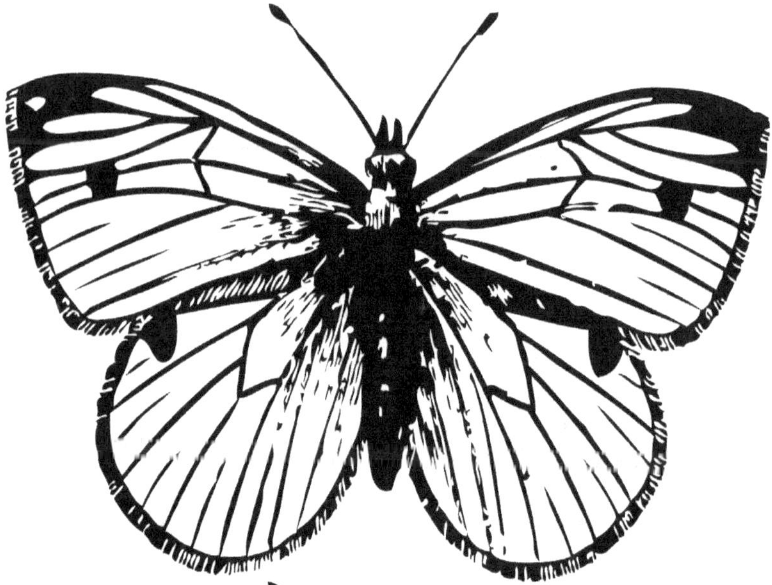

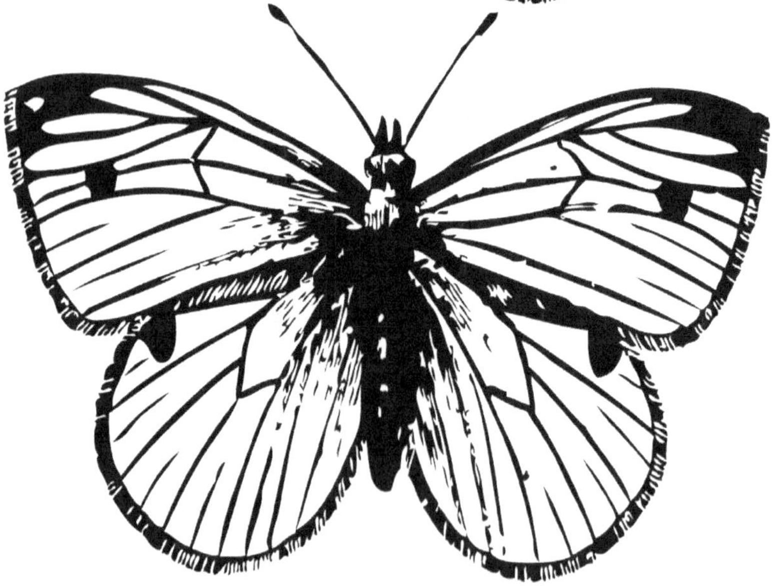

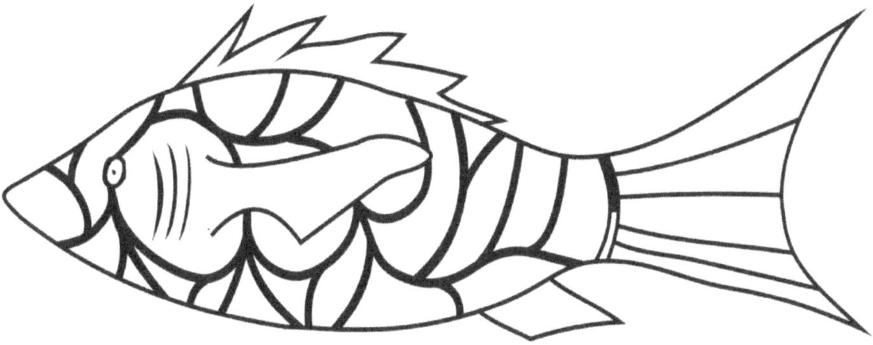

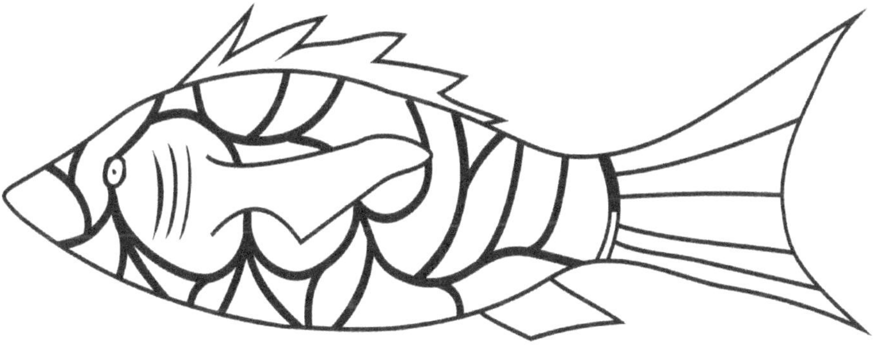

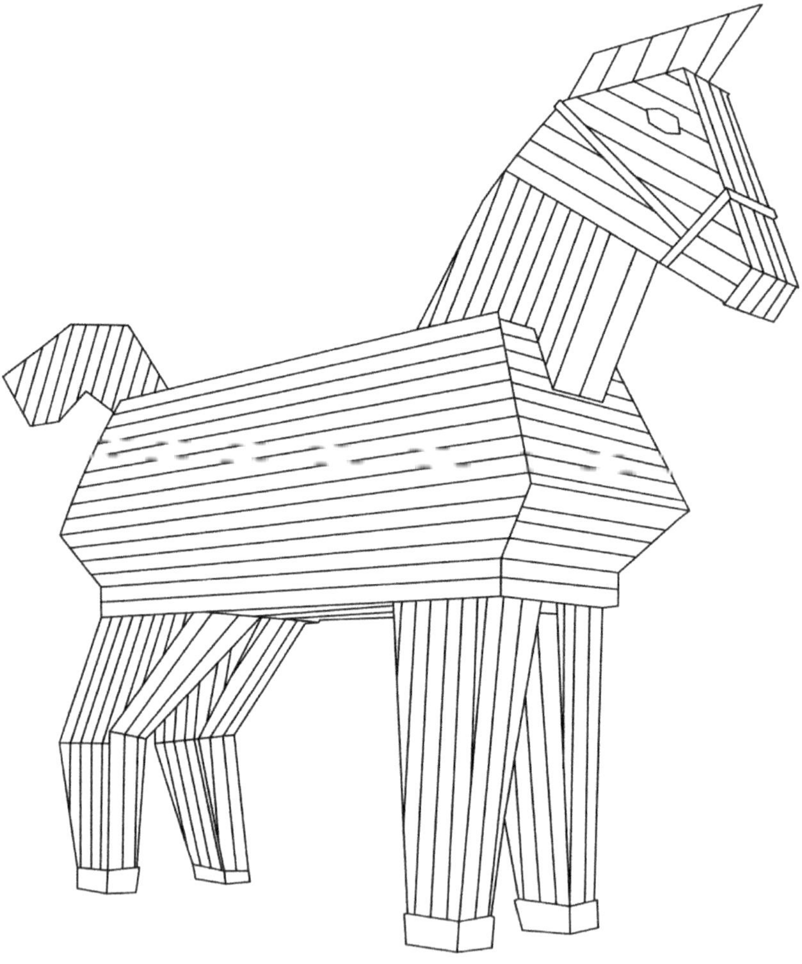

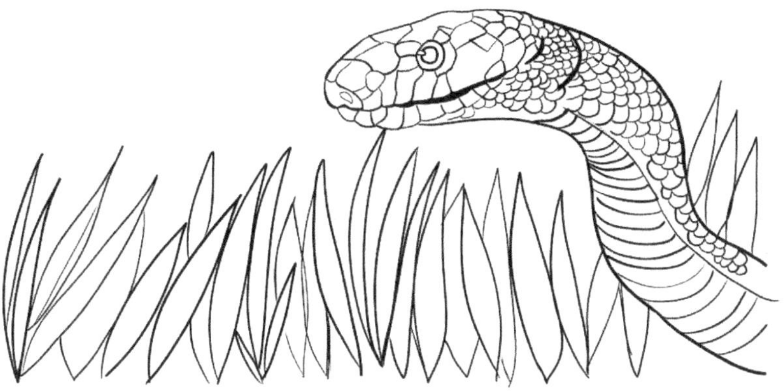

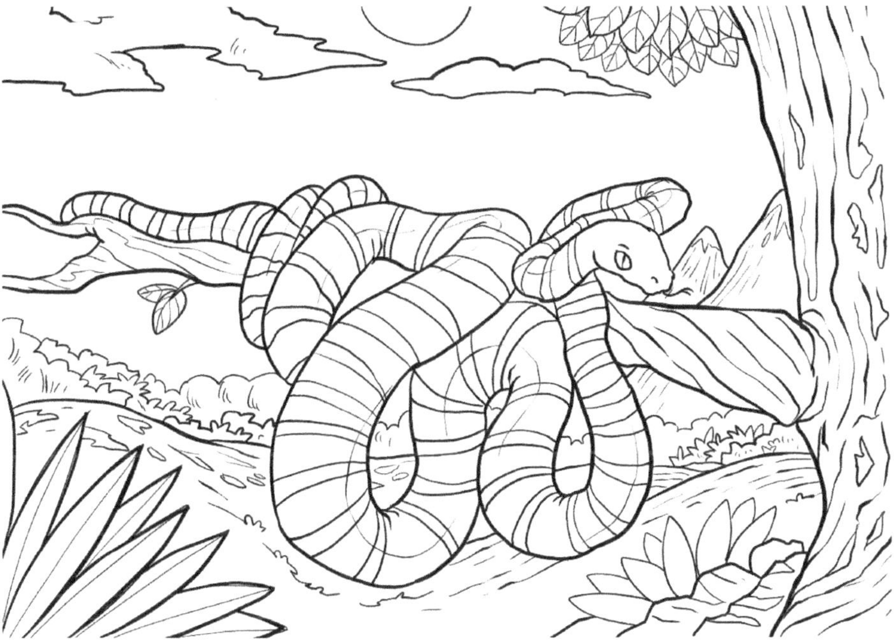

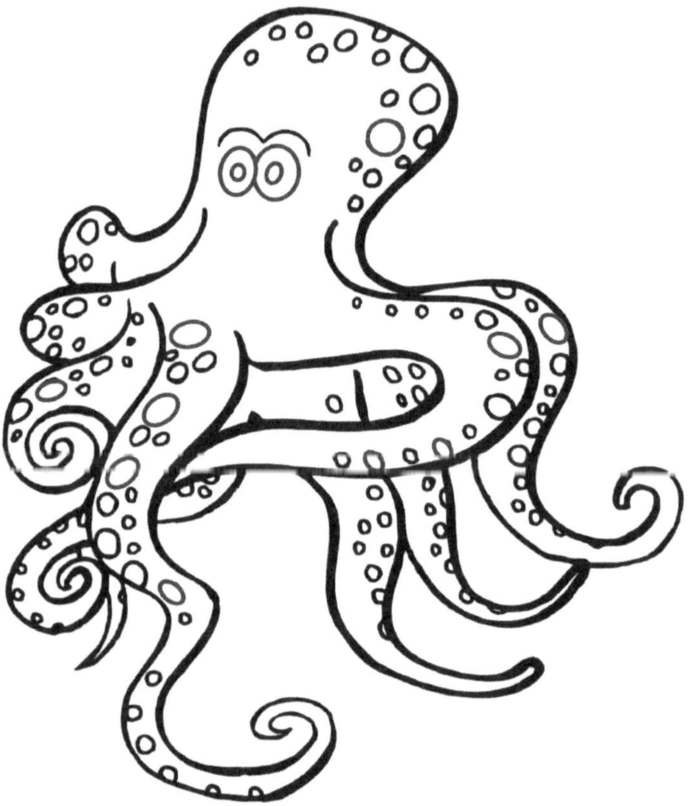

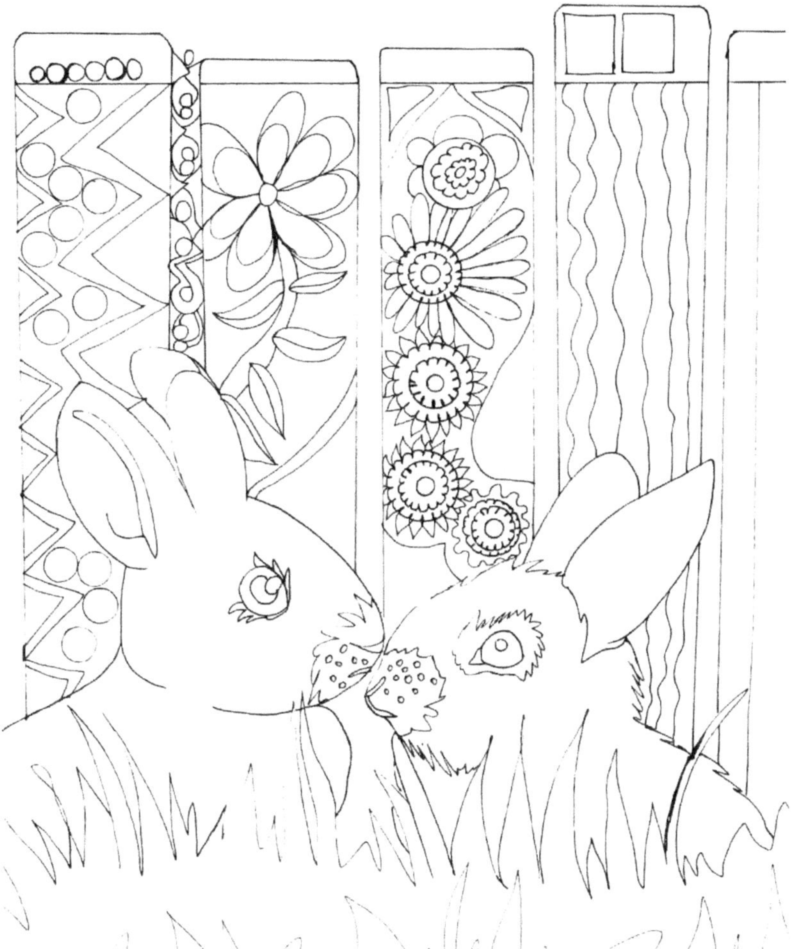

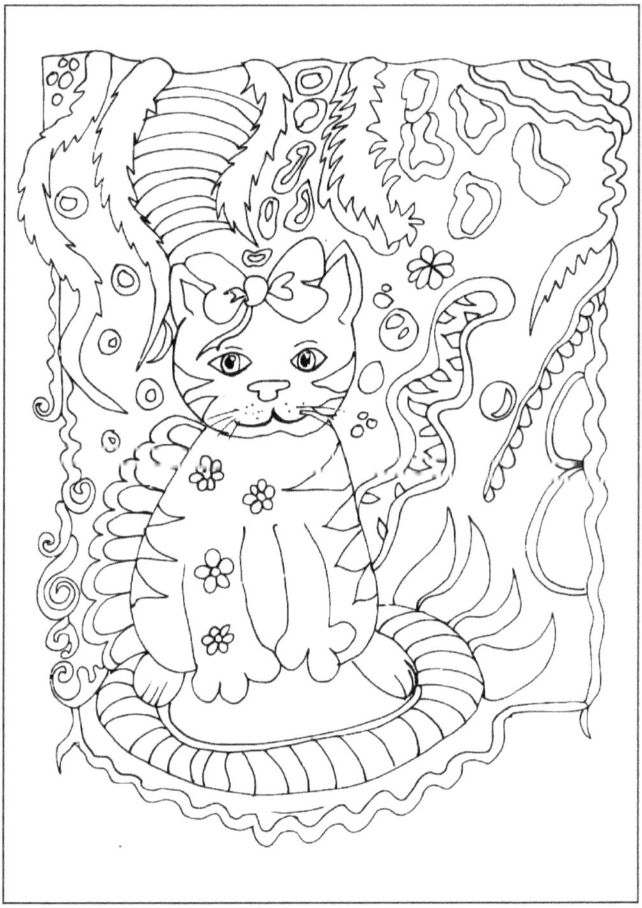

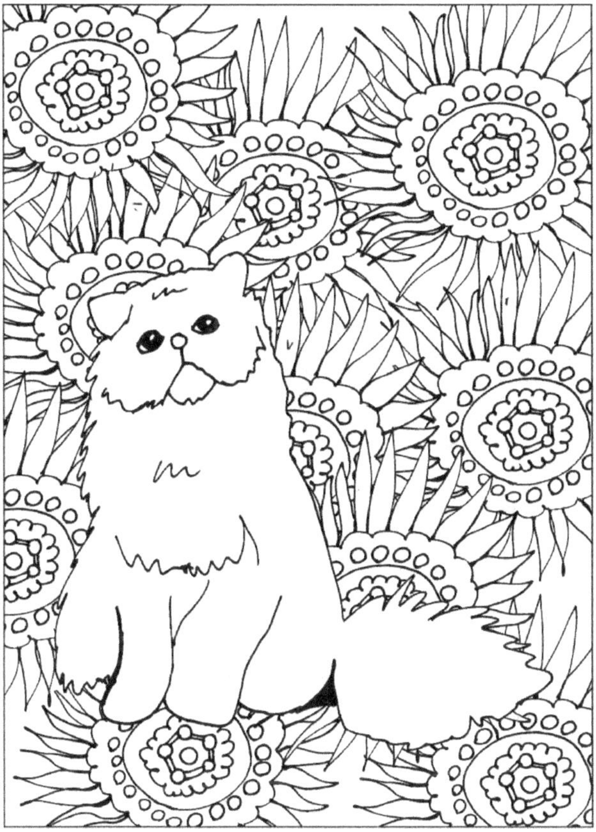

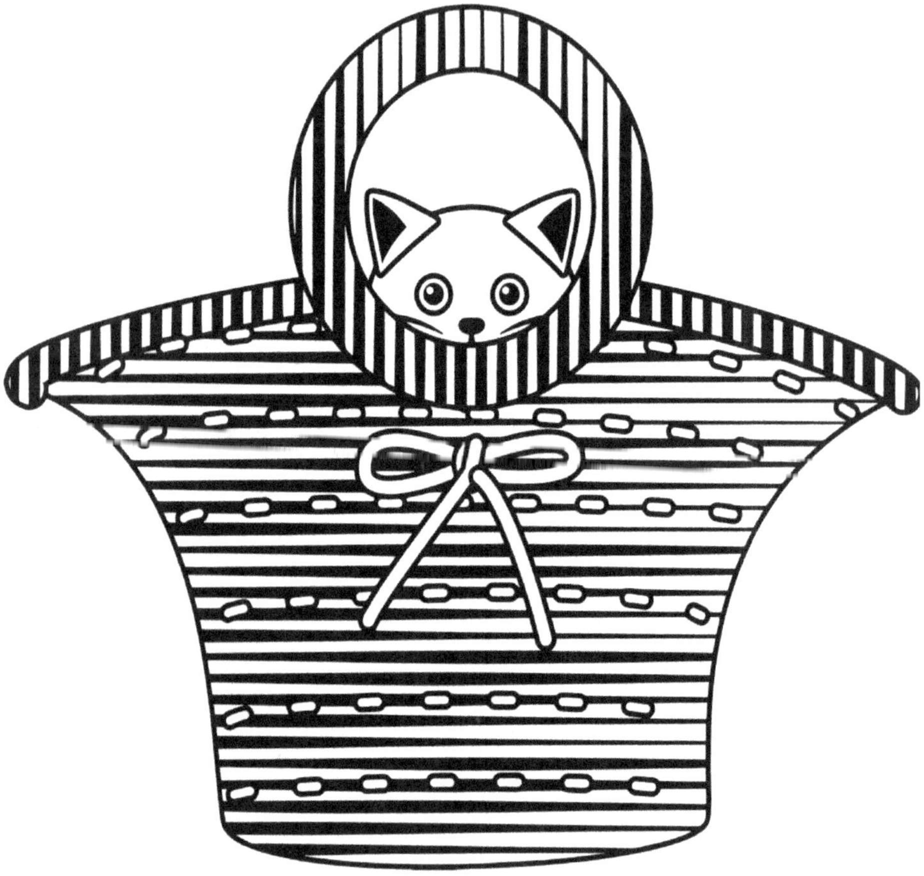

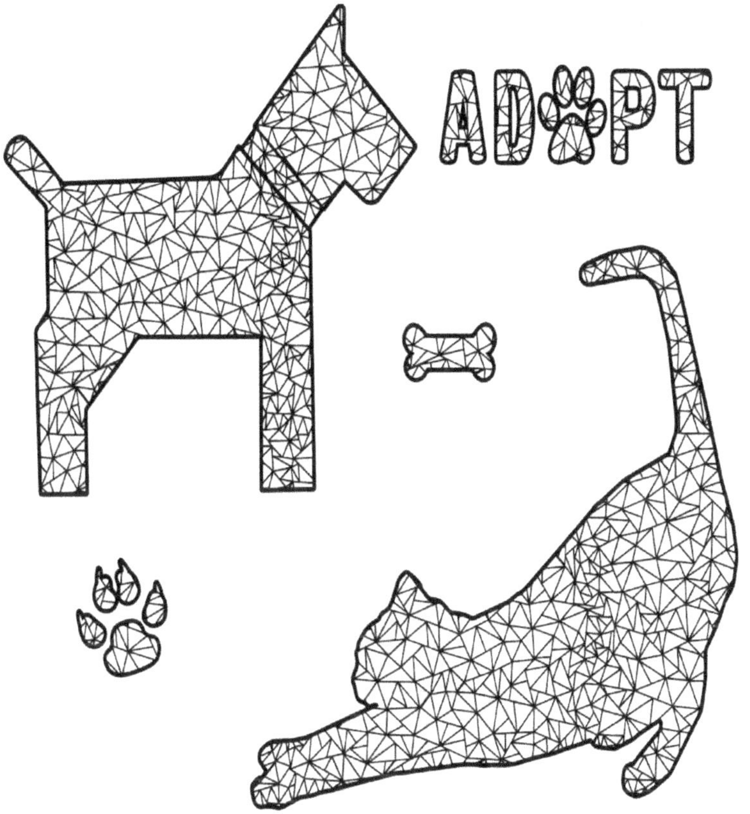
AD PT

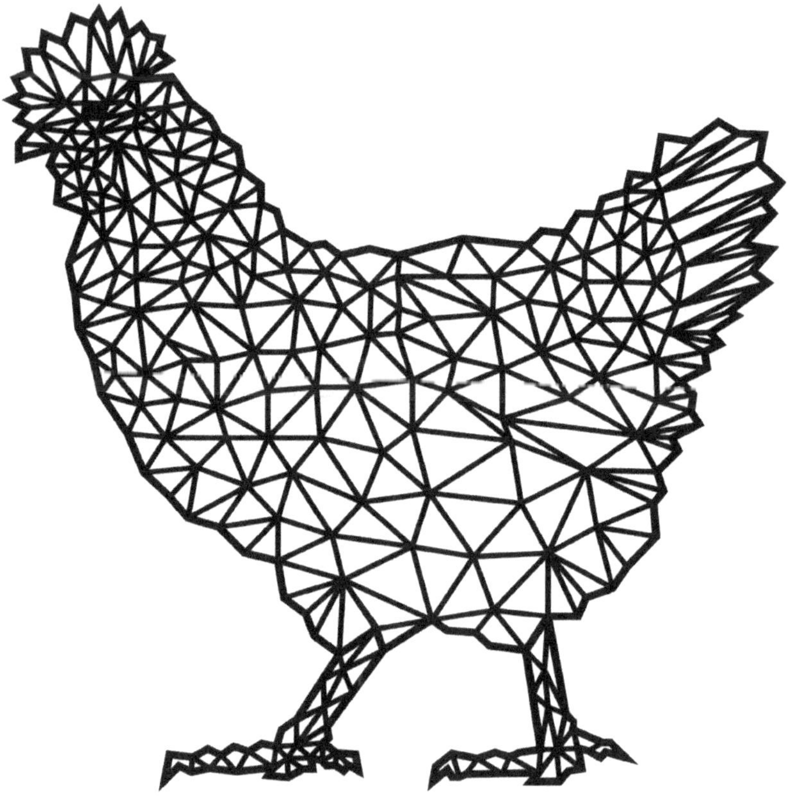

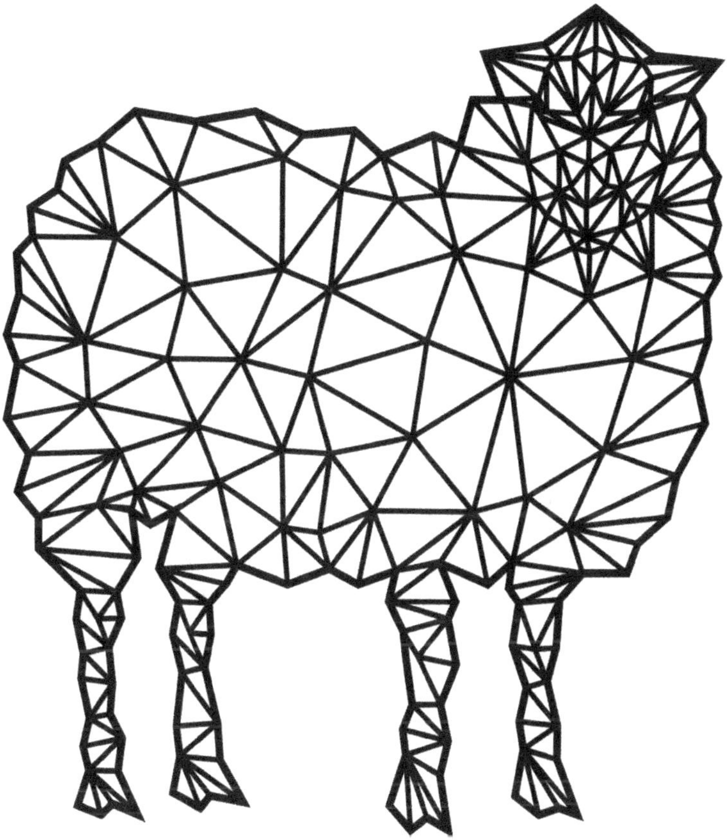

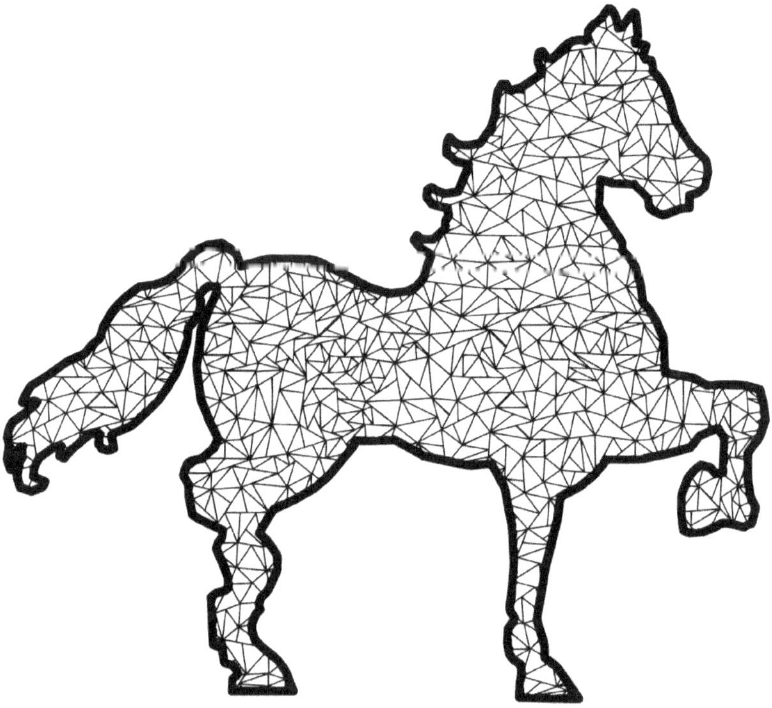

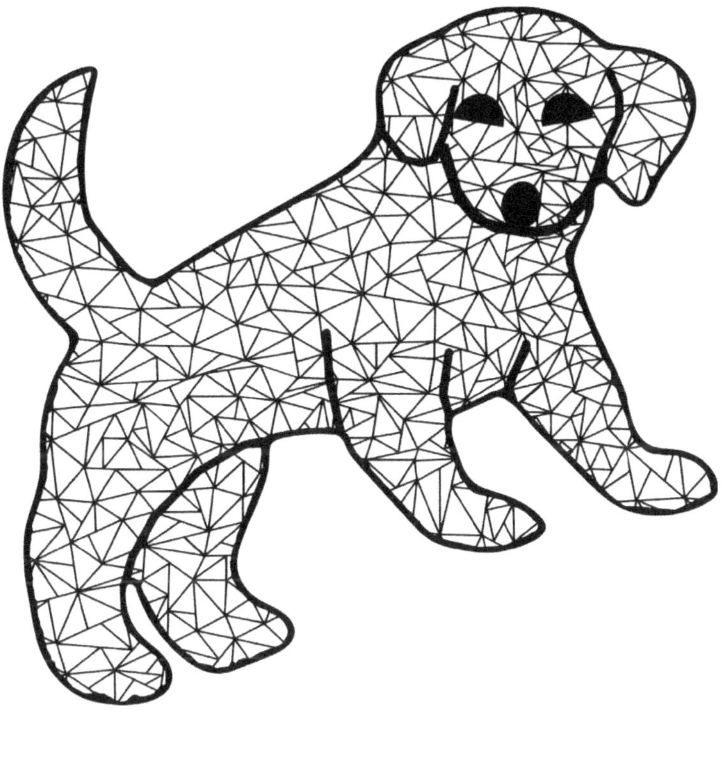

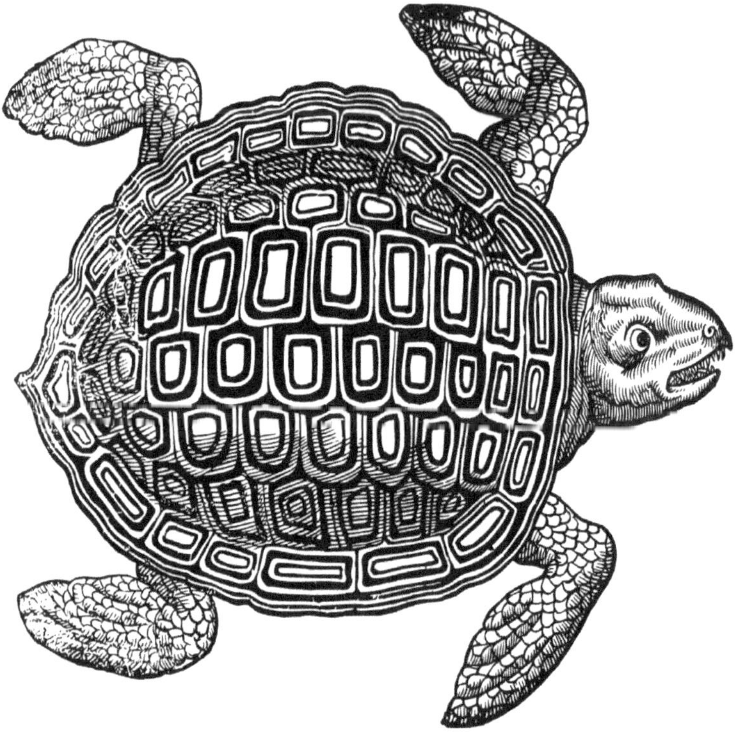

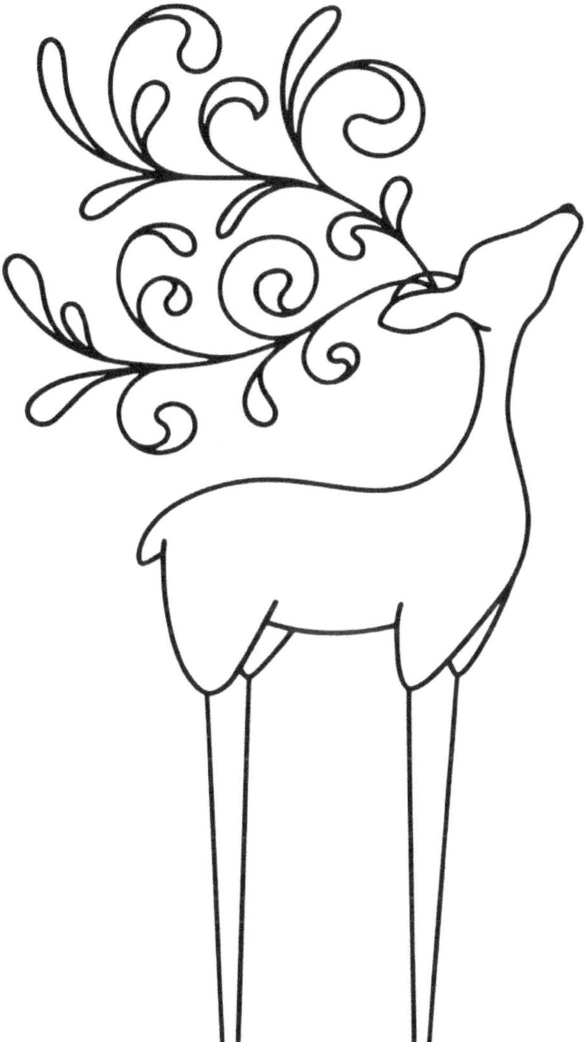

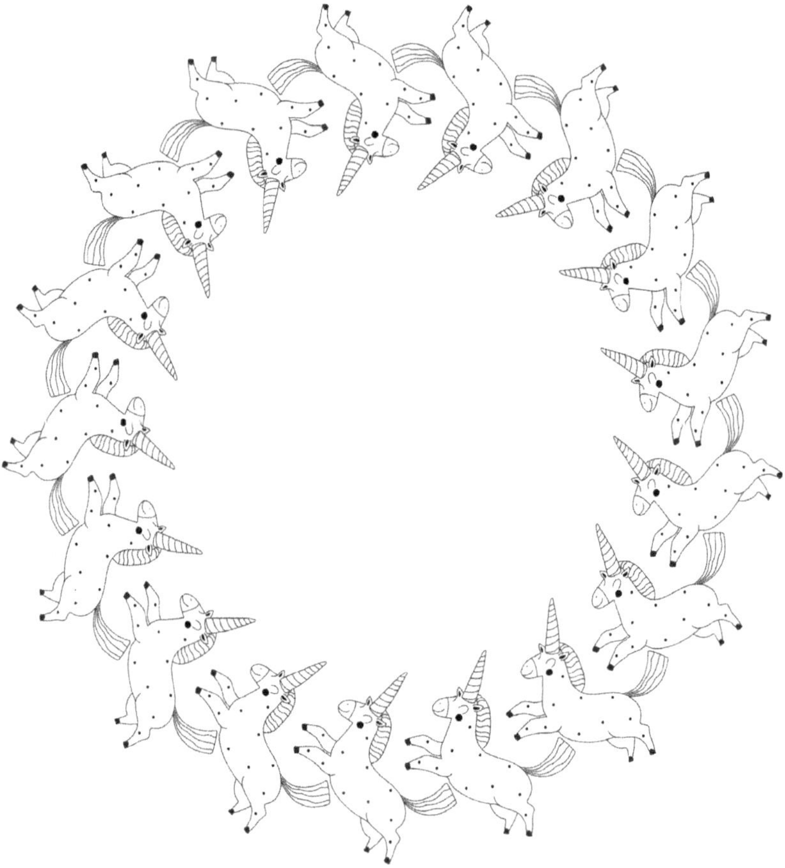

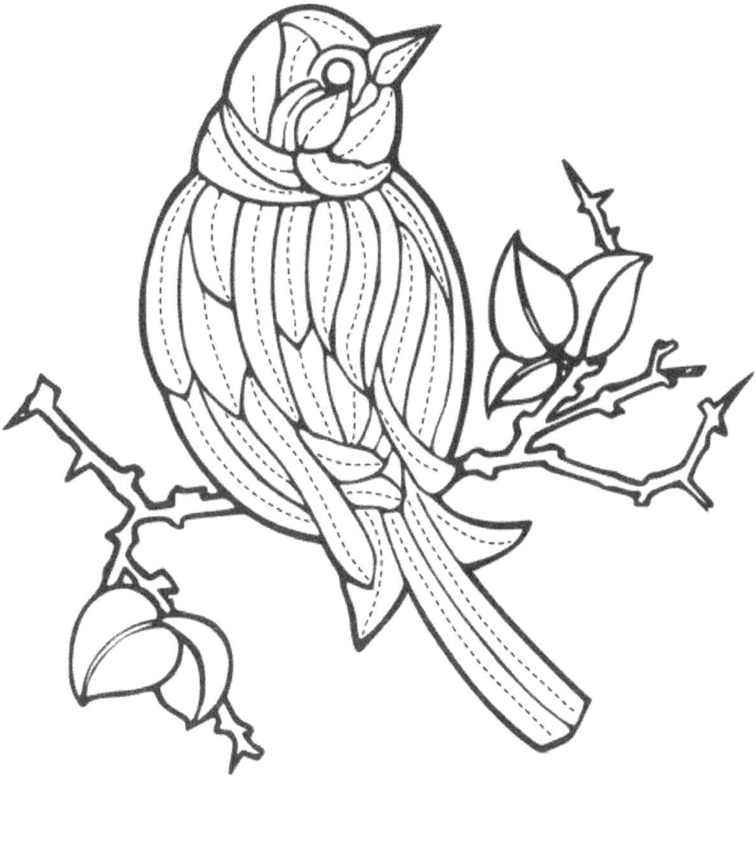

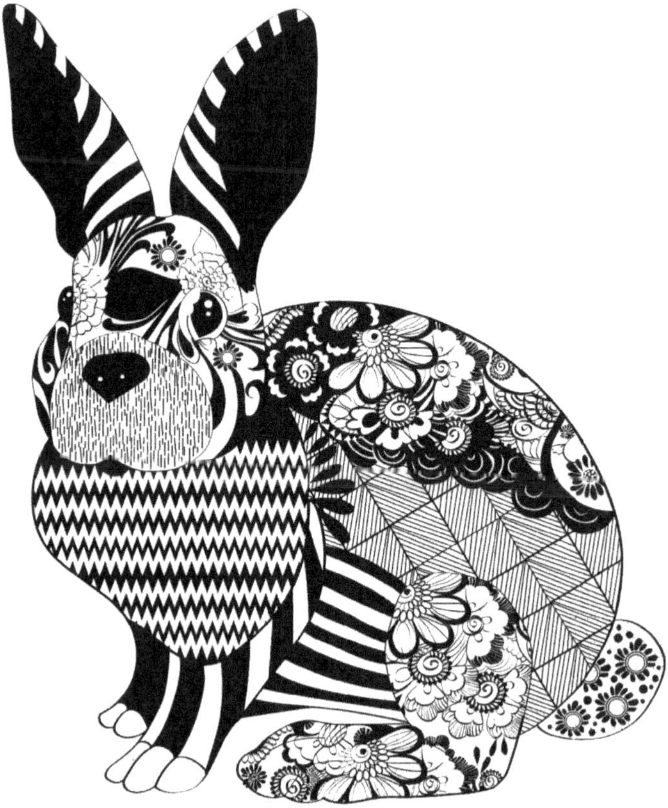

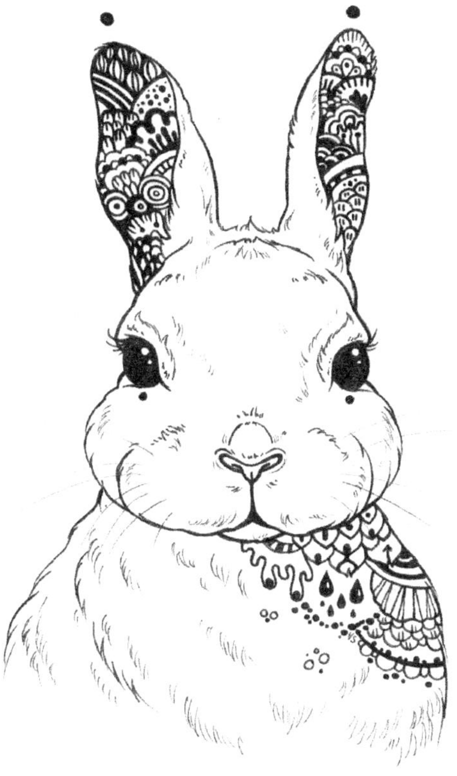

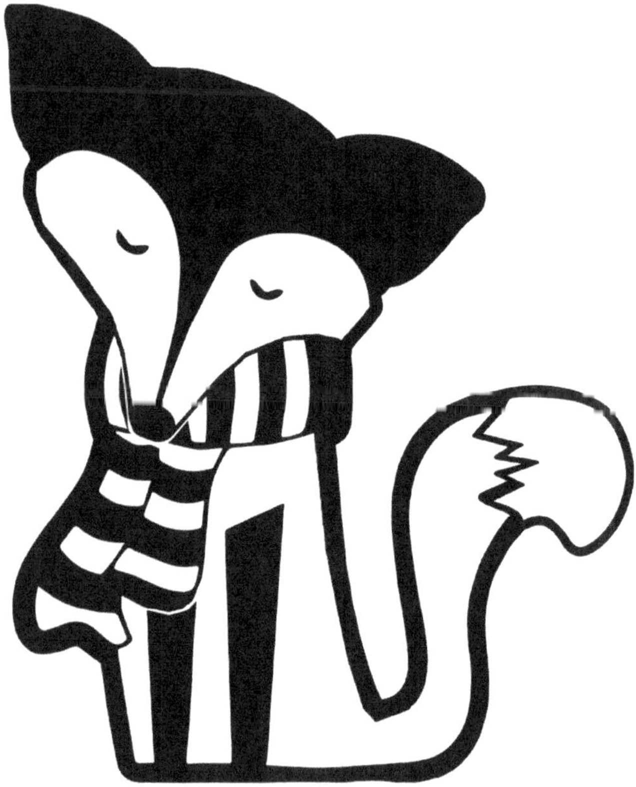

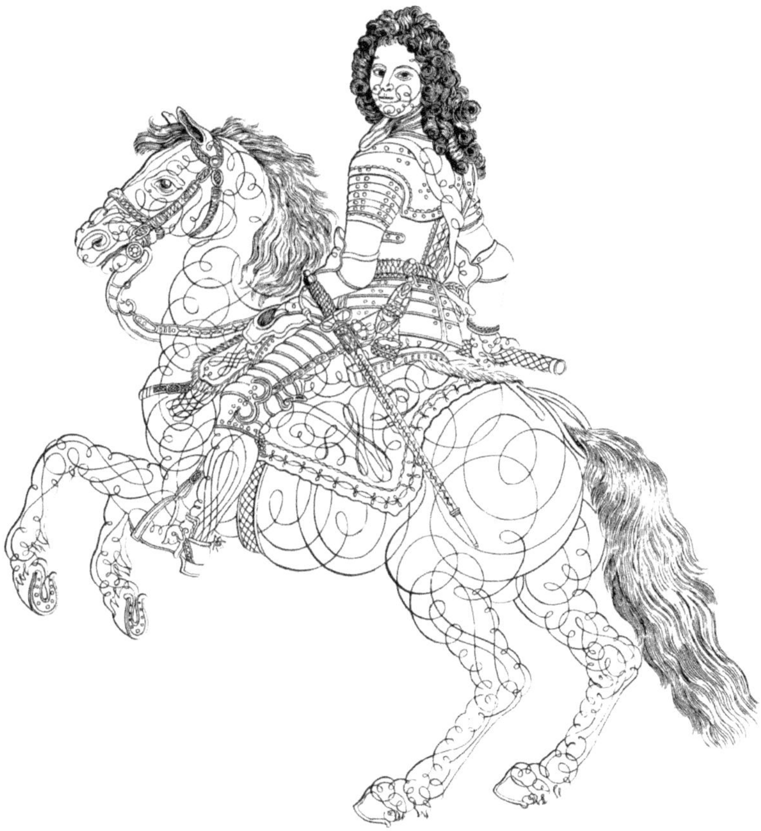

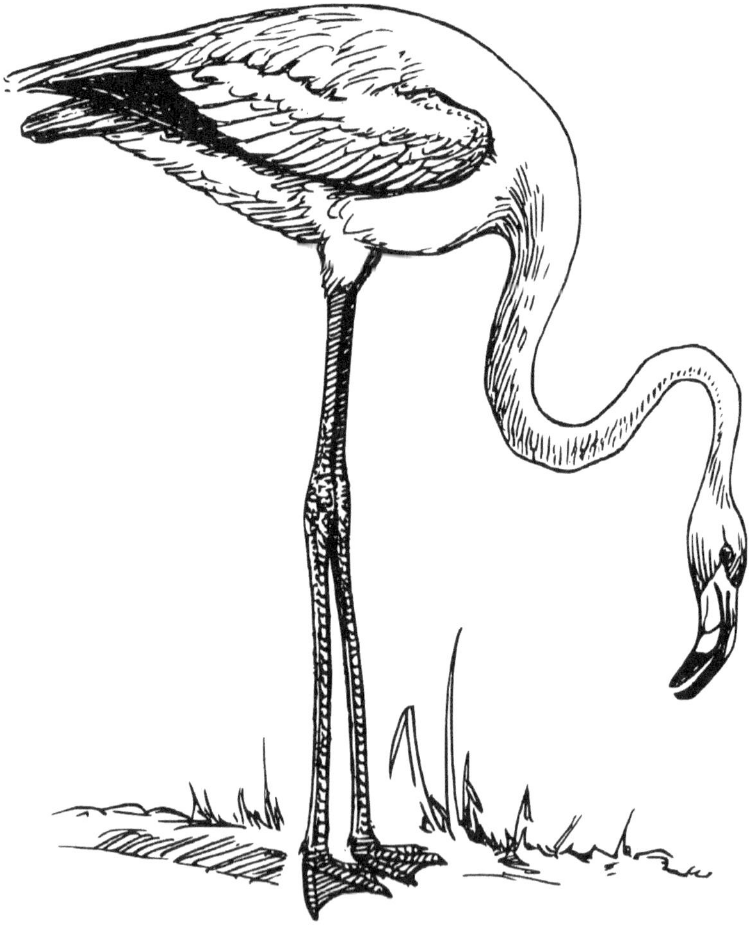

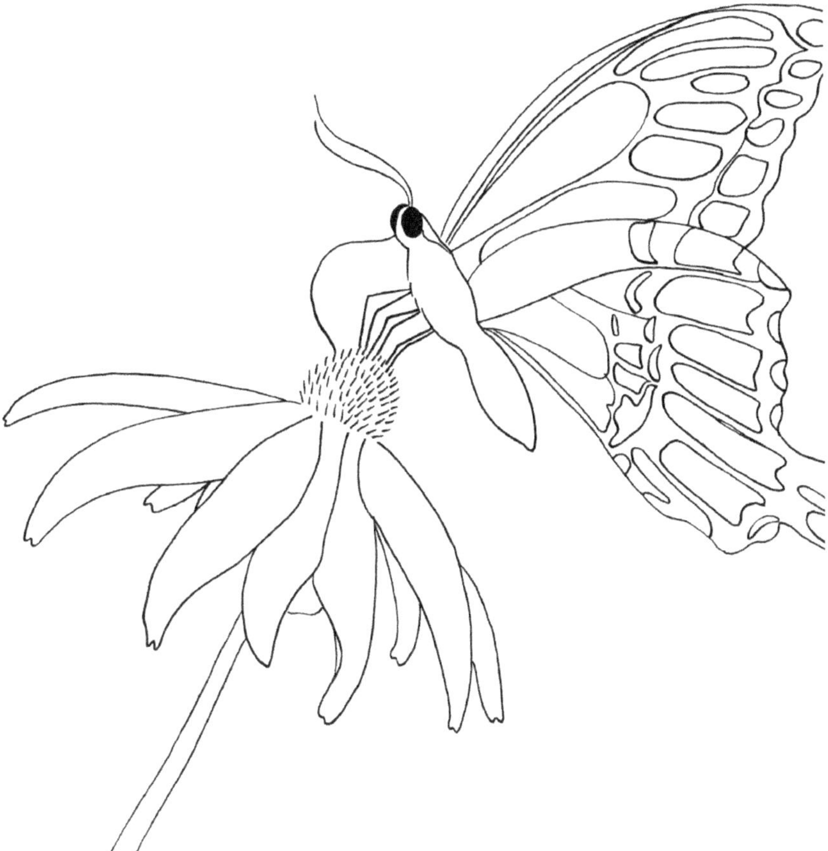

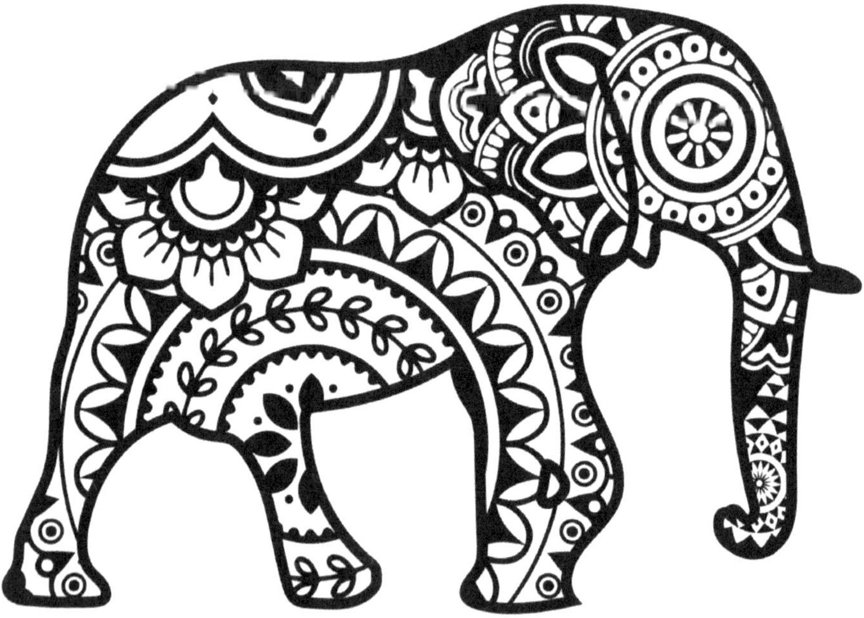

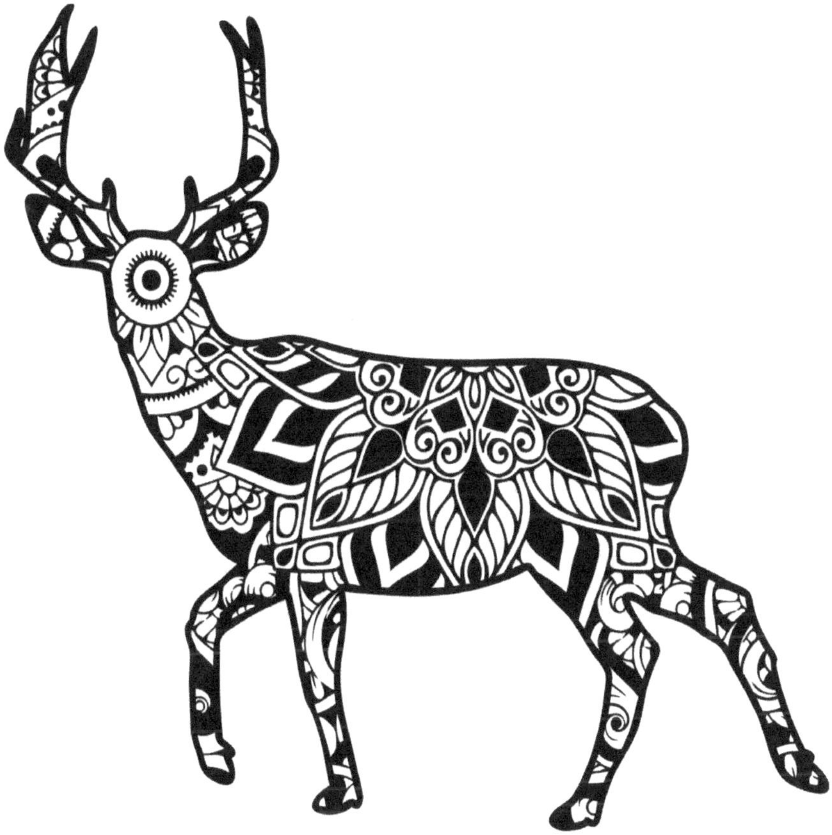

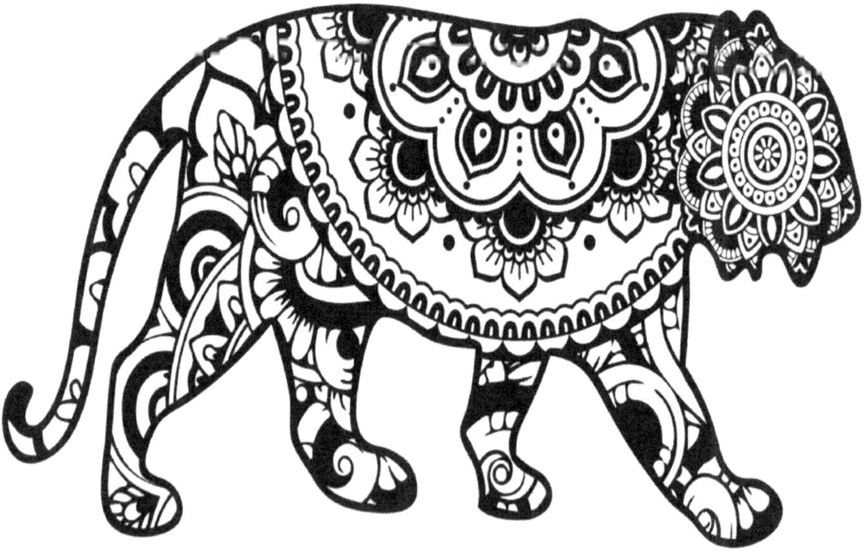

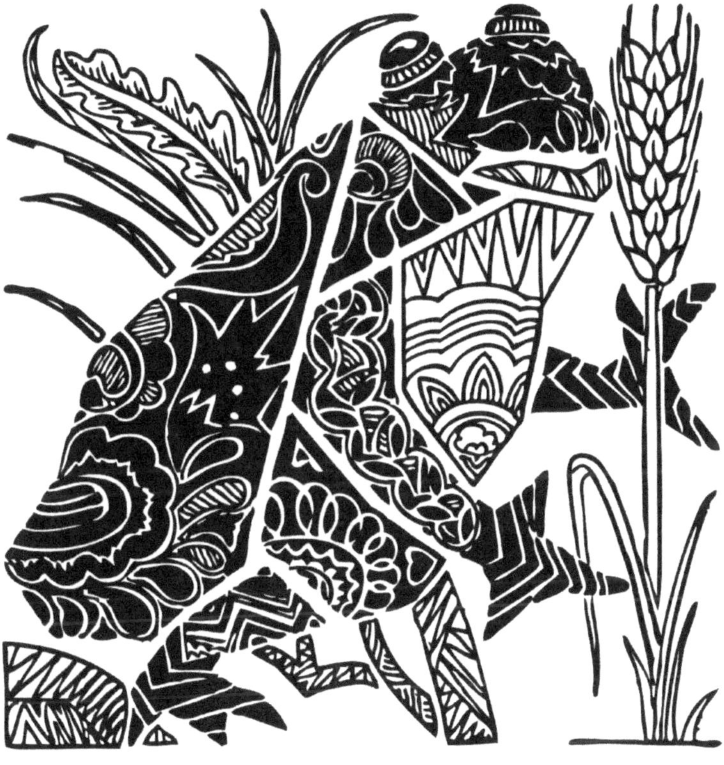

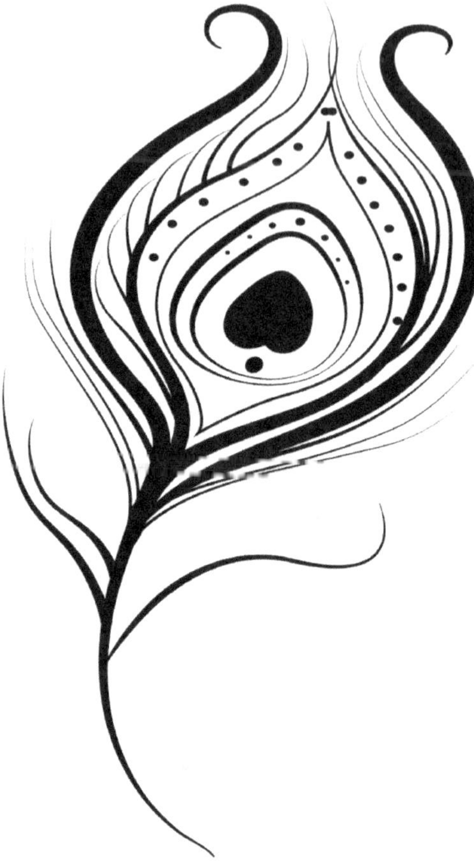

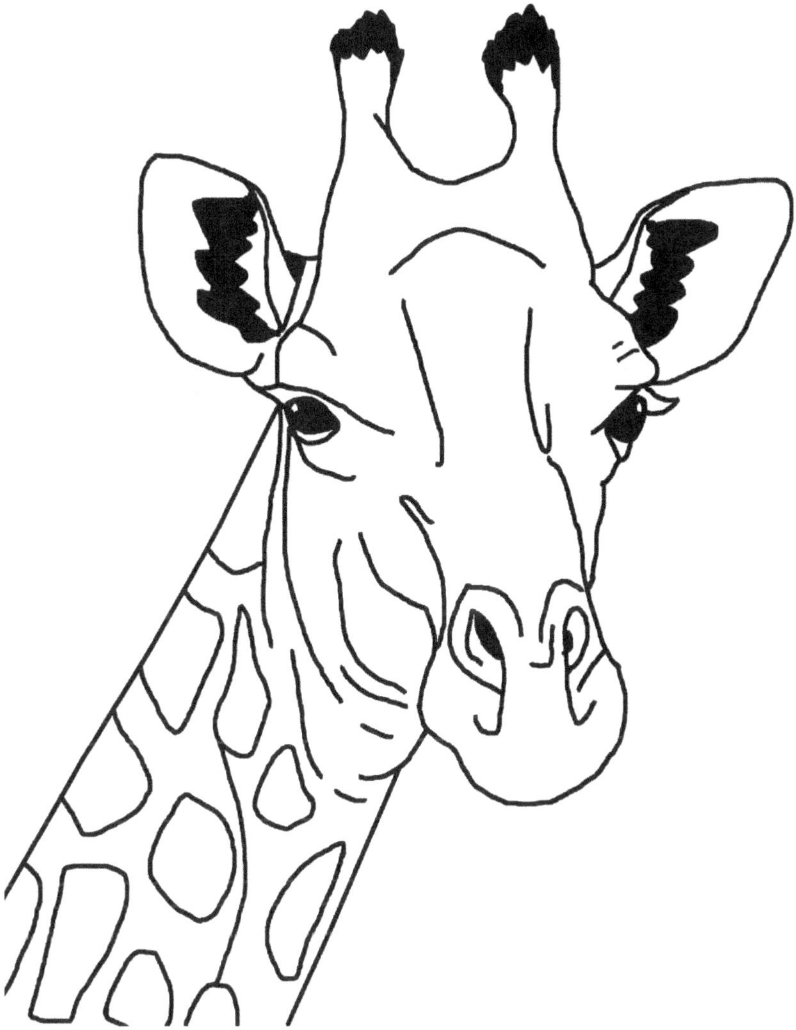

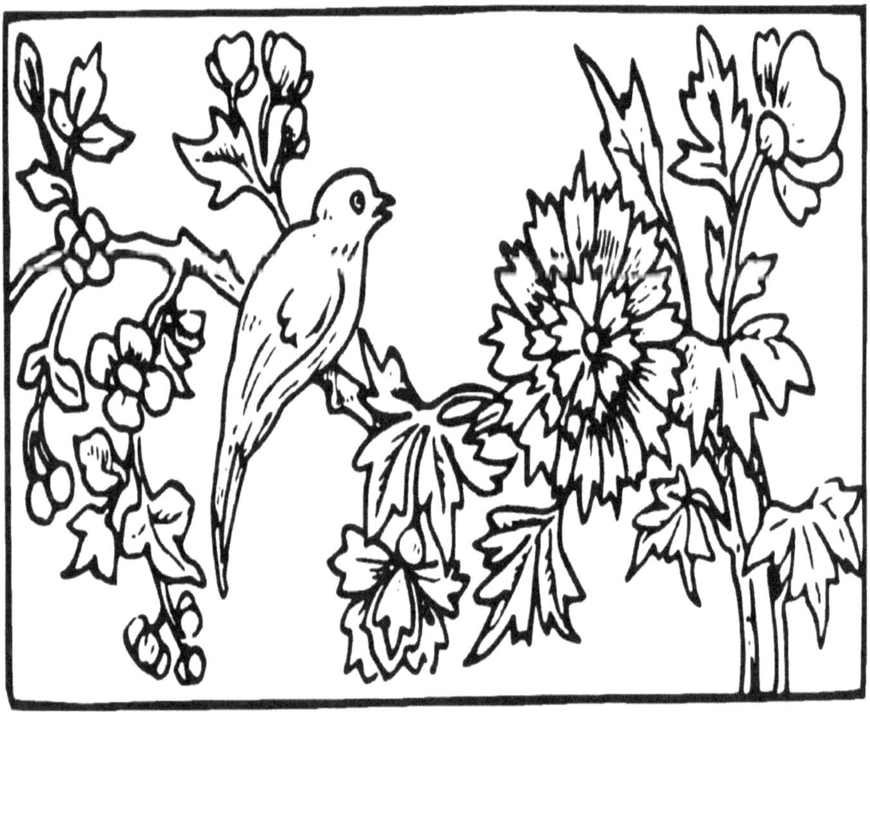

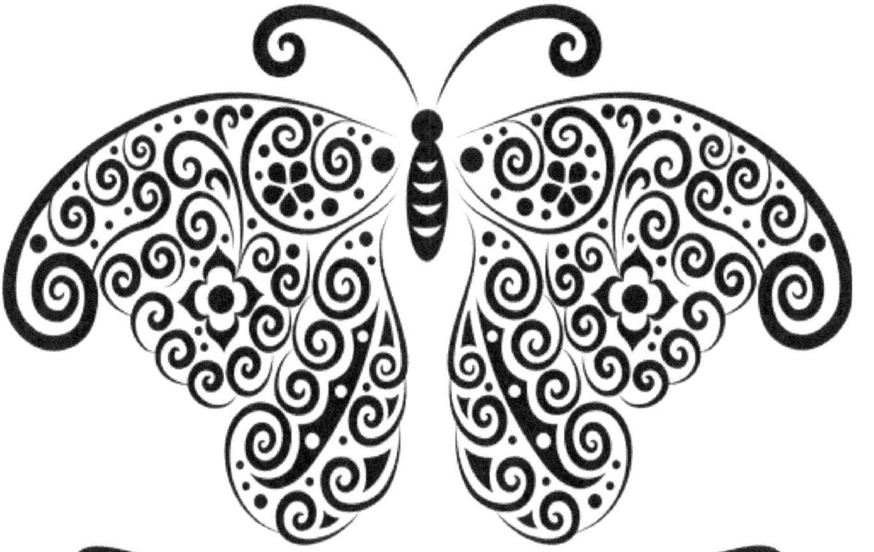

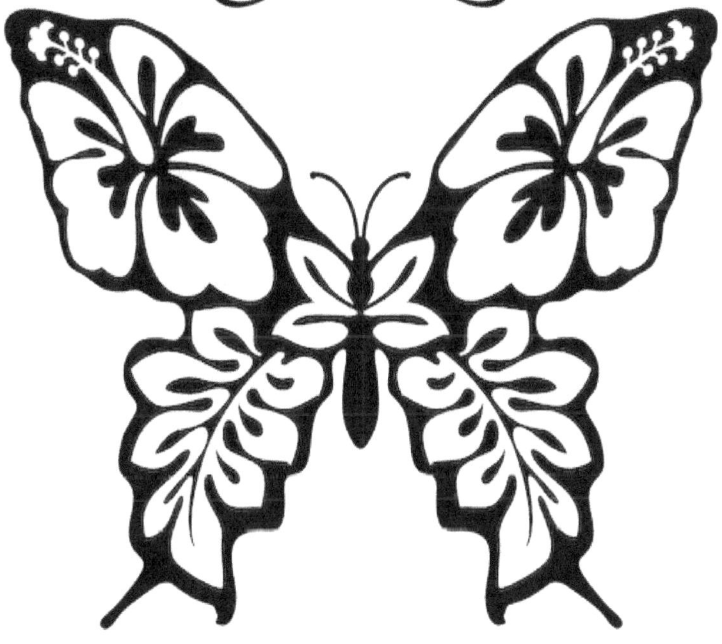

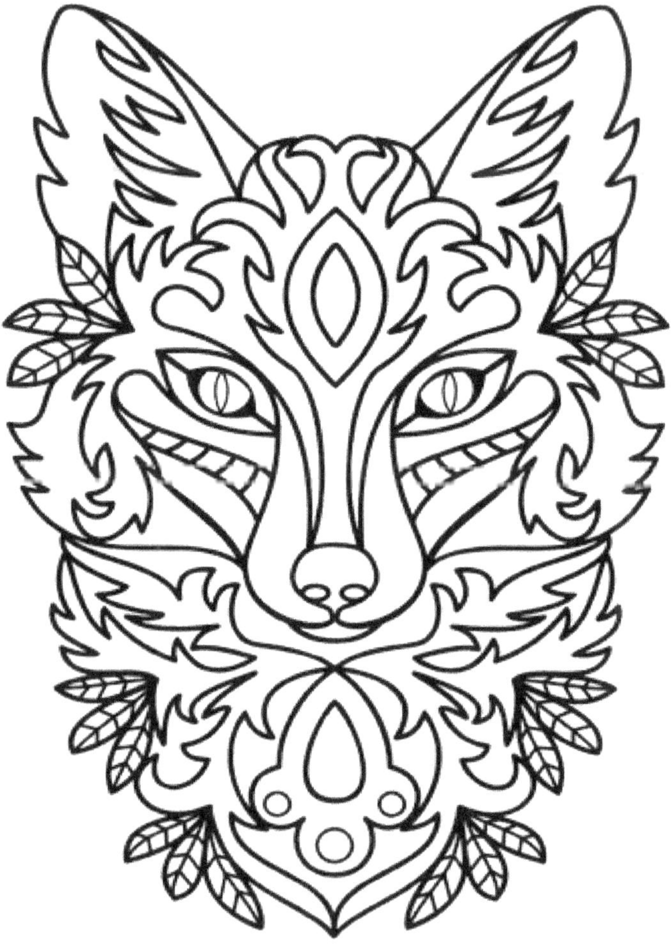

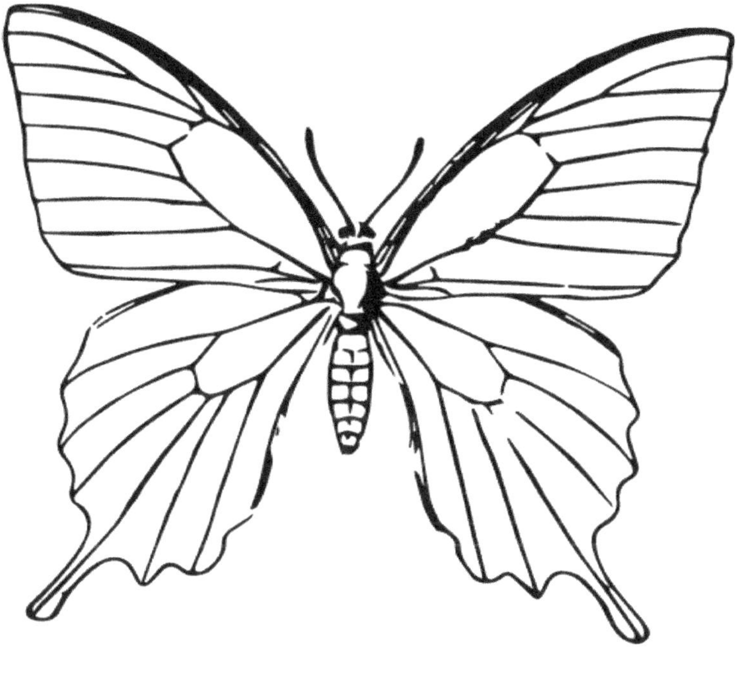

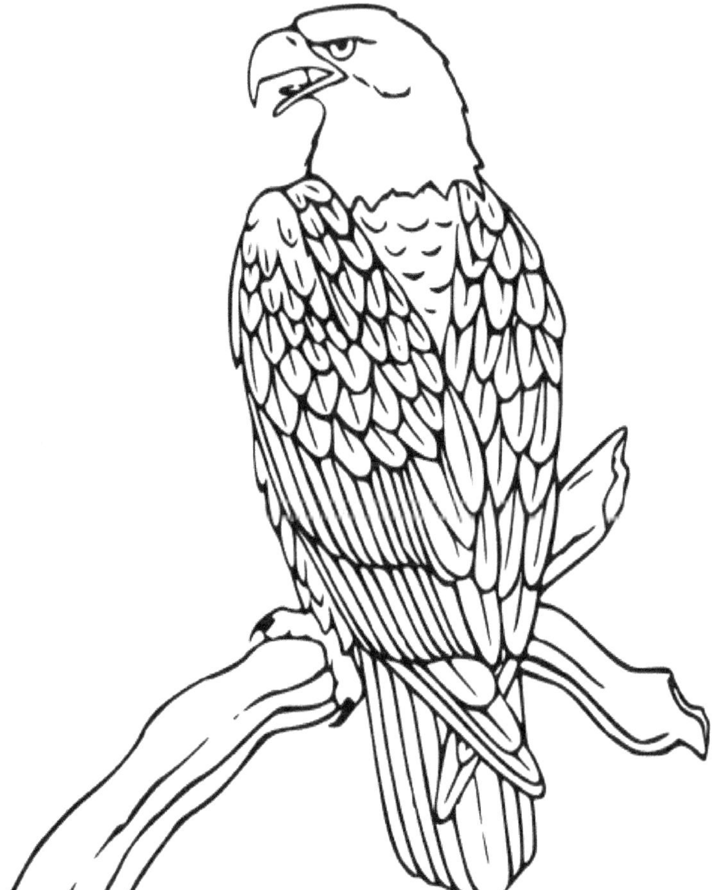

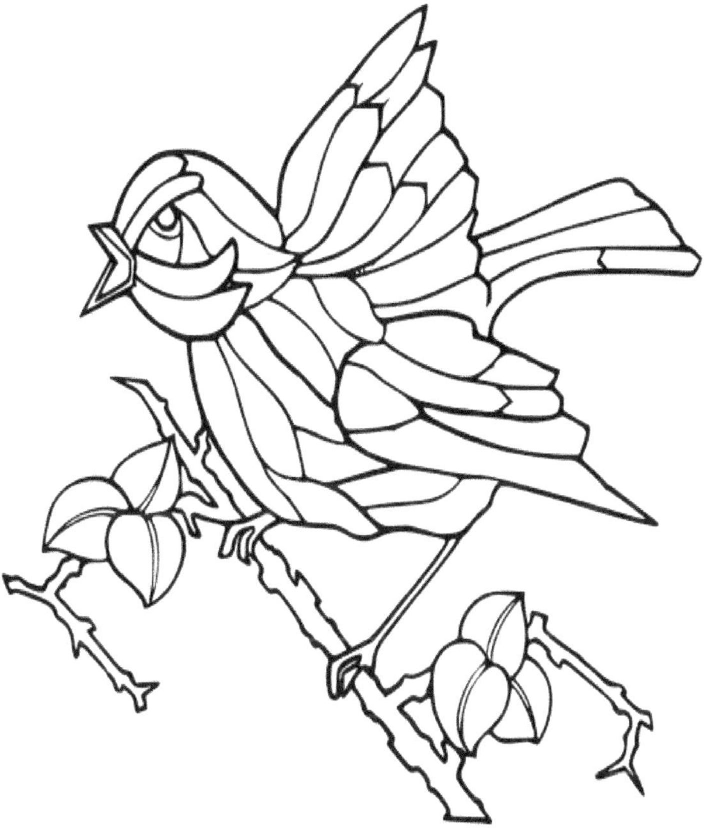

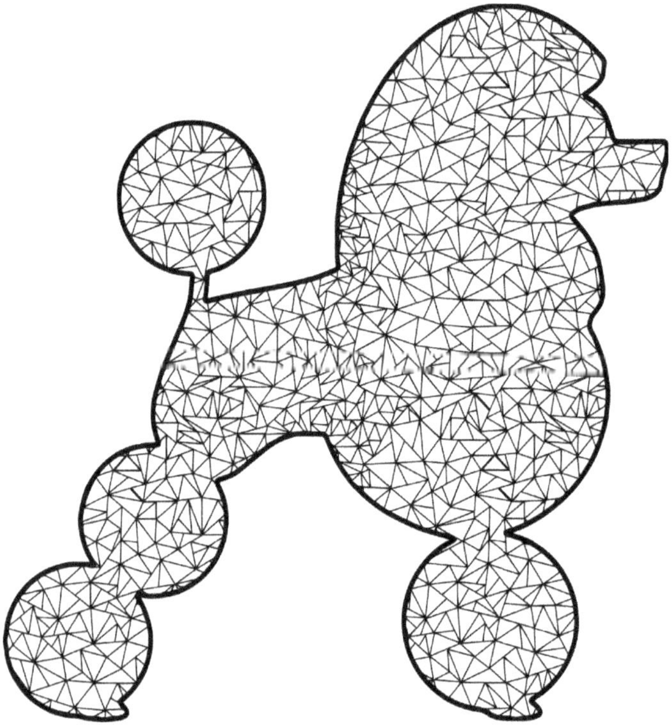

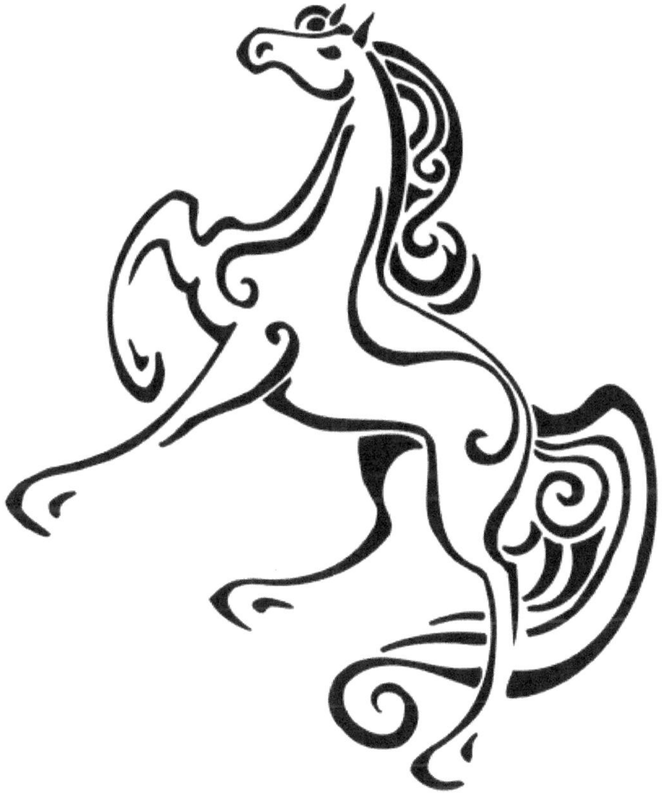

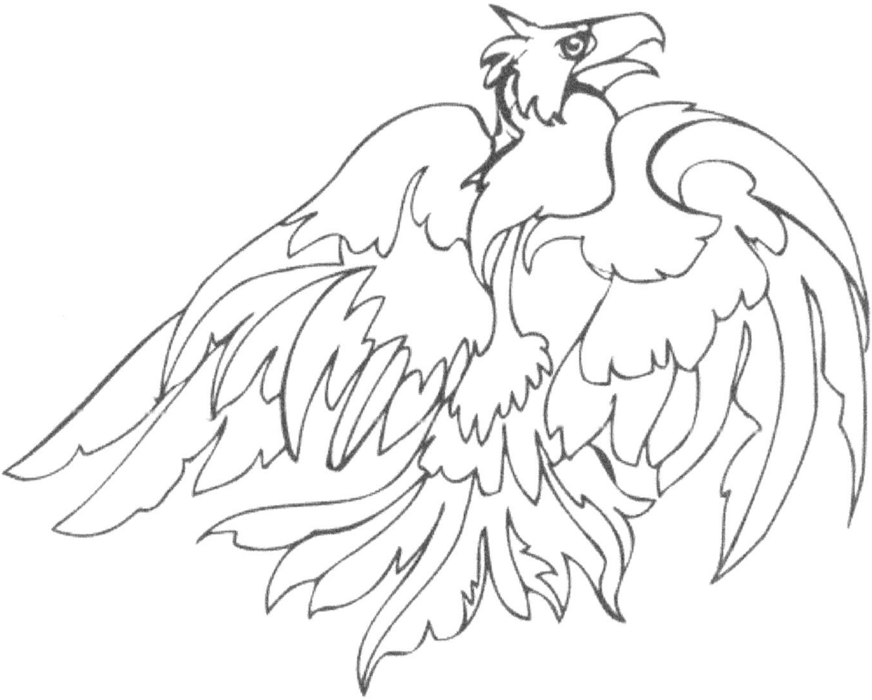

www.ingramcontent.com/pod-product-compliance
Lightning Source LLC
Chambersburg PA
CBHW071115220526
45467CB00004B/1879
* 9 7 9 8 7 1 6 7 9 5 6 5 5 *